VERITABLES OPPOSITIONS

ENTRE

LA DOCTRINE

DE

M. L'EVEQUE

DE MEAUX,

ET CELLE DE

M. L'ARCHEVEQUE

DE CAMBRAY,

PAR MESSIRE

FRANÇOIS DE SALIGNAC de la Mothe Fenelon, Archevêque Duc de Cambray, Prince du Saint Empire, Comte du Cambrefis, Precepteur de Messeigneurs les Ducs de Bourgogne, d'Anjou, & de Berry, &c.

M. DC. XCVIII.

VERITABLES OPPOSITIONS

ENTRE

LA DOCTRINE

DE

M. L'EVEQUE

DE MEAUX,

ET CELLE DE

M. L'ARCHEVÊQUE

DE CAMBRAY.

IL y a deux choses principales qui font que je ne puis convenir avec M. l'Evêque de Meaux sur les matieres de la Vie Interieure. La premiere est la nature de la Chari-

té , la seconde est celle de l'O-
raison passive. Je vais les propo-
ser l'une aprés l'autre.

I. POINT

De la Charité.

Monsieur l'Evéque de
Meaux pretend que sui-
vant Saint Thomas la *Chari-*
té est l'amour de *Dieu* , entant qu'il nous communique la
beatitude , entant qu'il en est
la cause , le principe , l'objet,
en tant qu'il est nostre fin derniere.

Ce Prelat ajoûte , ces , entant, que ce saint Docteur repe-
te sans cesse en cette matiere , sont
usitez dans l'Ecole pour expliquer
les raisons formelles & precises :
En sorte que d'aimer Dieu comme
nous communiquant sa beatitude,

emporte necessairement que la
beatitude communiquée est dans
l'acte de Charité une raison formelle d'aimer Dieu : par conse-
quent un motif, dont l'exclusion
ne peut estre qu'une illusion manifeste.

C'est ce qui fait ajouter à ce
saint Docteur que si par impossible *P. 459.*
Dieu n'estoit pas tout le bien de
l'homme, il ne lui seroit pas la
raison d'aimer : c'est-à dire qu'il
ne seroit pas un motif formel &
une raison precise pour laquelle il
aime. D'où il s'ensuit que c'est à
l'homme un motif d'aimer Dieu,
que Dieu soit tout son bien, c'est-à-
dire en d'autres mots sa beatitude.

Cette doctrine de Saint Thomas
est tirée de Saint Augustin, qui
par tout exprime l'amour qu'on a
pour Dieu par le terme de frui,
joüir, qui enferme en sa notion la

beatitude, puisqu'elle n'est pre-
cisement autre chose que la joüis-
sance ou commencée ou accomplie
de l'objet aimé.

M. de Meaux ajoûte dans les lignes suivantes que *c'est une illusion d'ôter à l'amour de Dieu le motif de nous rendre heureux.... puisque la raison d'aimer ne s'explique pas d'une autre sorte.*

Cette doctrine est repanduë dans tout le livre de ce Prelat, & elle en est le but principal. Je n'examine pas maintenant le passage de saint Thomas : Il sera demontré ailleurs que M. de Meaux prend ce saint Docteur dans un sens tres different du veritable, & que Saint Thomas est clairement contre lui. Mais voici la doctrine de M. de Meaux dans la deffinition de la Charité.

C'est un *amour de Dieu en-*

tant qu'il nous communique la *beatitude.* Cet *entant*, fait l'objet formel. Dieu *entant* que beatifiant est donc l'objet formel de la Charité : aussi ajoute-t-il que *le motif de nous rendre heureux . . . . est la raison d'aimer . . . . . & qu'elle ne s'explique pas d'une autre forte.* On ne peut donc selon M. de Meaux expliquer l'amour de Dieu que par le motif de se rendre heureux,

Si ce Prelat disoit toutes ces choses de Dieu, qui est nostre beatitude objective, & qui renferme en lui même avec ses autres attributs celui d'être beatifiant, on pourroit accommoder ce sentiment avec l'Ecole, & dire que l'amour de complaisance qui est une veritable Charité, se complaît dans cet attribut divin comme

p. 458.

p. 459.

dans les autres. Mais M. de Meaux parle non de Dieu, mais de la beatitude qu'il nous communique, c'est à dire de la formelle. Il regarde seulement Dieu comme en étant *le principe, la cause, l'objet*, il s'explique encore davantage. *La beatitude communiquée*, dit-il, *est dans l'acte de charité une raison formelle d'aimer* **Dieu** : *par conséquent un motif, dont l'exclusion ne peut estre qu'une illusion manifeste*, il s'agit selon lui de nous rendre heureux. Voilà la beatitude formelle bien clairement exprimée. Ce motif selon M. de Meaux est la *raison d'aimer* ... *& elle ne s'explique pas d'une autre sorte.*

Son principe est que la joüissance & la beatitude sont la même chose, & que joüir selon S. Augustin c'est aimer :

d'où il conclut qu'aimer est vouloir joüir, & par confequent vouloir eftre heureux. Je ne m'arrefte pas maintenant à renverfer ce fyfteme en difant qu'il y a une extreme difference entre vouloir une chofe à laquelle la beatitude eft attachée, ou vouloir precifément la beatitude même. Il me fuffit de continuer le fyfteme de M. de Meaux. Aimer Dieu & vouloir eftre heureux felon lui font des termes fynonimes. Aprés cela il ne faut plus s'étonner s'il affure, que fi par impoffible Dieu n'étoit pas à l'homme.... *fa beatitude, il ne lui feroit pas la raifon d'aimer.* C'eft à dire qu'il ne feroit pas aimable pour lui. Si donc Dieu qui nous donne gratuitement fon Royaume éternel, n'avoit pas voulu nous le donner ; faute de cette beati-

p. 459.

rude formelle, Dieu infiniment parfait en lui même ne *nous feroit pas la raison d'aimer* ; & nous ne pourrions jamais faire aucun acte d'amour pour lui. *P. 459. La raison d'aimer ne s'explique pas d'une autre sorte*, selon ce Prelat.

Il veut que S. Anselme *dans le 11. siecle* soit le premier qui ait dit, qu'on peut chercher dans la beatitude une utilité ou un interest. Il ajoute que *la subtilité de Scot s'est accomodée de cette distinction.* Il s'agit de distinguer Dieu *entant que bon en lui mesme*, de Dieu *entant que bon à nous* : C'est cette distinction qui déplait à ce Prelat & dont il n'approuve pas que la subtilité de Scot se soit accommodée. En effet dés que M. de Meaux suppose qu'aimer c'est vouloir estre heureux, & que la *raiſon d'aimer ne s'explique pas d'une autre ſorte.* Dieu entant p. 452. que bon en lui - meſme peut bien eſtre l'objet de noſtre eſtime & de noſtre admiration ; mais il ne peut jamais eſtre l'objet de noſtre amour. Il faut qu'il ſoit vû *entant que bon à nous,* s'il veut eſtre aimable , autrement il ne ſera jamais la *raiſon d'aimer* … elle *ne s'explique pas d'une autre ſorte* : ainſi dans le veritable ſens de M. de Meaux , non ſeulement Dieu *entant que bon à nous,* eſt le vrai propre & ſpecifique motif de la Charité, mais encore Dieu *entant que bon en lui meſme* n'en peut jamais eſtre le vrai motif; du moins il ne peut le devenir qu'autant que l'autre lui donne ſa force , c'eſt à dire qu'il ne peut veritablement rien par lui meſme ſur la volonté, & qu'on ne peut aimer Dieu infiniment parfait, qu'autant & qu'à caufe que cette perfection nous eft utile. *La raifon d'aimer .... ne s'explique pas d'une autre forte,* l'autre forte dont on l'a expliquée eft une nouveauté de l'onziéme *fiécle* dont la *fubtilité de Scot s'eft accommodée.* En un mot M. de Meaux n'a point d'autre idée d'aimer un objet que celle de fe le defirer par la raifon qu'il nous eft utile. Si Dieu ne l'étoit pas devenu par le don gratuit de la beatitude éternelle, il ne *feroit pas la raifon d'aimer*, il ne feroit point aimable pour l'homme; tout ce qui va plus loin confifte *dans des raffinemens introduits dans la devotion .... l'homme à qui l'on veut faire accroire qu'il peut n'agir pas par ce motif d'eftre heureux, ne fe reconnoît plus lui mefme ,* &

croit qu'on lui impose en lui parlant d'aimer Dieu comme en lui
parlant d'aimer sans le dessein
d'estre heureux.... c'est une p. 466.
chose trop alambiquée, c'est mettre la devotion dans des phrases
& dans des pointilles. Il promet p. 457.
ailleurs de montrer par l'Ecriture & par les Peres que *c'est le*
vœu & la voix commune de toute
la nature, & des Chrêtiens
comme des Philosophes, qu'on veut p. 458.
estre heureux, & qu'on ne peut
pas ne le pas vouloir, ni s'ar-
racher ce motif dans aucune ac-
tion que la raison peut produire,
en sorte que c'en est la fin derniere,
ainsi qu'on le reconnoit dans toute
l'Ecole.

Voilà donc selon M. de
Meaux tout acte humain qui
tend formellement à nous rendre heureux. Tout acte qui
n'a pas ce motif formel & précis

n'eſt pas meſme un acte humain quelque parfait qu'il
puiſſe paroître, il n'eſt pas du
nombre de ceux que *la raiſon*
p. 458. *peut produire* . . . . dés-là donc *il
n'eſt pas poſſible à la Charité*, conclut ce Prelat *de ſe deſintereſſer
à l'egard de la beatitude.* En
effet ſelon ce Prelat ce ſeroit
ôter à cette vertu ſon motif
propre & ſpecifique, ce ſeroit
vouloir aimer contre la *raiſon*
p. 459. *d'aimer* . , . qui *ne s'explique pas
d'une autre ſorte*, ce ſeroit ai-
mer un objet & ne l'aimer pas,
puiſque l'aimer c'eſt vouloir
eſtre heureux par lui. Il ne
faut plus dire que la *Charité ne
cherche point ſon propre intereſt.*
Parler ainſi ce ſeroit vouloir
éblouïr les hommes. Il faut
dire tout au contraire que la
Charité ne peut agir que pour
le noble intereſt de la beatitu-

de , & qu'il n'y a point d'autre *raison d'aimer*.

Ce bonheur qu'on cher-
che neceſſairement dans l'objet
n'eſt pas l'objet même , il en
eſt *la cauſe , le principe , l'objet*
comme dit M. de Meaux. Ce
bonheur ſelon ce Prelat eſt
noſtre *fin derniere, ainſi* , dit-il, Inſtr.
p.458.
qu'on le reconnoît dans toute l'E-
cole. N'eſt-il pas étonnant que
ce Prelat faſſe dire à toute l'E-
cole que la beatitude formelle
qui eſt quelque choſe de creé
ſelon tous les Theologiens ſoit
noſtre fin derniere. Il eſt au
côtraire certain ſuivant l'Ecole
que la beatitude formelle n'eſt
que l'action par laquelle l'homme arrive à ſa derniere fin qui
eſt la gloire de Dieu.

M. de Meaux ayant poſé
tous ces principes ne peut plus
reconnoître aucun acte deſinte-

reſſé ſur la beatitude : auſſi dit-il preciſément qu'il *n'eſt pas poſſible à la charité* qui eſt deſintereſſée ſelon S. Paul, de *ſe deſintereſſer à l'egard de la beatitude.* Je lui laiſſe à expliquer ſi l'eſperance ſera ſelon lui encore moins deſintereſſée à cet égard que la charité ; & en quoy elle ſera moins parfaite pour verifier la parole de l'Apoſtre, *Tria hæc, major autem horum eſt Caritas.* Quand on donne pour deffinition de la Charité *qu'elle eſt l'amour de Dieu entant qu'il nous communique la beatitude*, c'eſt à dire entant que bon à nous, on ne peut plus donner une idée de l'eſperance qui la rende plus intereſſée : ainſi ce que j'ay dit dans mon livre bleſſe ſelon M. de Meaux autant la nature de la charité que celle de l'eſperance

p. 458.

rance. Dés qu'on pose de tels principes on ne peut plus tolerer mon Livre, & on est rempli d'idées si incompatibles qu'on ne peut pas même l'entendre dans son sens naturel.

Avec de tels principes on doit estre bien scandalisé de la distinction dont la *subtilité de Scot s'est accommodée*, & des choses *alambiquées*, des *phrases*, des *pointilles*, des *raffinemens introduits dans la devotion* qui font les consequences naturelles de cette distinction.

Mais M. de Meaux s'il veut raisonner consequemment ne doit non plus épargner les anciens Peres, & S. Paul même, & Moyse même que les bons Mystiques. Voici le raisonnement où ses principes engagent. Les souhaits de Moyse & de Saint Paul n'ont point pour *motif* pour *raison formelle & precise* la Beatitude formelle, car c'eſt cette beatitude même qu'ils declarent être preſts à ſacrifier ſi Dieu l'exigeoit d'eux; ſans eſtre privés de l'amour de Dieu, comme l'explique ſaint Chryſoſtome, donc ces actes *Homil. 16. in Epiſt. ad Romanos.* ne ſont pas du nombre de ceux que la raiſon peut produire. Ce n'eſt point formellement pour avoir la beatitude qu'on ſouhaite conditionnellement d'en eſtre privé. Le ſacrifice conditionnel n'exclut pas, il eſt vrai abſolument pour tout autre acte le motif de la beatitude : mais l'acte de ce ſacrifice ne peut le renfermer, autrement on feroit dire ces paroles inſenſées à ces hommes Divins. Mon Dieu c'eſt preciſement pour devenir bienheureux que nous voudrions ne l'eſtre jamais, ſi vous estiés plus glorifié par là. Il est donc evident que les souhaits de Moyse & de Saint Paul ne renferment point la beatitude comme leur raison formelle & precise. Cette verité claire étant établie, voici un argument bien simple que M. de Meaux ne peut éviter de faire selon son principe. Tout acte ou ce motif n'est pas comme la *raison formelle & precise*, com- p. 458. me *la fin derniere* n'est pas un acte humain, raisonnable & *que la raison puisse produire*. Or est - il que les actes de Moyse & de Saint Paul n'ont point ce *motif*, cette *raison formelle & precise*, cette *fin derniere*, donc ces actes ne sont pas des actes humains raisonnables & que la raison ait pû produire. Donc ce sont de *pieux excez* comme *Instr.* ce Prelat nous l'assure, qui sont p. 442.

arrivez *dans les moments du transport*. Mais ces moments de transport où ils ont esté si remplis de l'esprit de Dieu, leur ont-ils fait dire ce qui excede les bornes de la raison, de la Foy, de l'Esperance & de la Charité même, ce qui selon M. de Meaux n'a aucun sens, ne consiste que dans des *phrases* dans des *pointilles* dans une *chose alambiquée* dans des *raffinemens introduits dans la devotion?* Ce transport divin leur a-t'il fait dire des parolles par lesquelles l'homme ne *se connoist plus luy-mesme* & où il s'imposeroit s'il parloit *d'aimer sans le dessein d'estre heureux.*

M. de Meaux ne doit pas estre moins embarassé à proportion pour les Saints de tous les siecles.

Quand il cite Saint Clement

p. 460.

p. 459.

Instr. p. 335.

qui assure que le *Gnostique ne* Strom.
recherche point l'estat de perfec- l. 4.
tion parce qu'il veut estre sauvé, p. 520.
& que si cette perfection pou-
voit estre separée du salut éternel, il choisiroit la perfection
comme desirable par elle-même,
veut-il que le Gnostique de
S. Clement par un dessein ca-
ché d'obtenir la beatitude, dise
que ce n'est point pour l'obtenir qu'il recherche la perfection. Si l'acte est formé en ce
sens, c'est un jeu indigne,
c'est un detour hypocrite. Si
au contraire cet acte est fait de
bonne foy sans y rechercher la
beatitude, cet acte n'est pas
humain selon M. de Meaux, il
n'est pas de ceux *que la raison*
peut produire. Le Gnostique Instru.
s'impose à luy même & *ne se con-* p. 455
noist plus puisqu'il parle *d'aimer*
sans le dessein d'estre heureux.

S. Gregoire de Nazianze s'im-posoit aussi à luy-même en di-sant qu'il *est bon d'obeir au Pere quand même il ne nous en revien-droit jamais aucune utilité.* Saint Gregoire de Nysse étoit deja plein de raffinements introduits dans la devotion lorsqu'il di-soit que *la perfection consiste cer-tainement à ne regarder aucune chose pas même celles qui nous sont promises & qui sont l'objet de nostre esperance, pour n'en crain-dre qu'une seule qui est de perdre l'amitié de Dieu.* Saint Ambroi-se se payoit de *phrases* & de *pointilles* quand il appelloit des cœurs retrecis ceux qui avoient besoin d'estre *invitez par les promesses, & elevez par la re-compense qu'ils esperent,* & qu'il vouloit qu'on servit Dieu sans songer à la promesse Celeste. Ces saints Docteurs ne se connois-

Voyez ma Let-tre Pas-torale depuis la p 36. jusqu'à la p.83. S. Greg. de Nysse. Vita Moysis p. 256.

De Abrah. l.2.c.8.

foient plus eux-mêmes , quand ils parloient *d'aimer fans le def-* *fein d'eftre heureux.* Saint Auguftin combattoit fes propres principes en difant *s'il n'y avoit aucune efperance de la beatitude, nous devrions demeurer dans la douleur du combat , plûtoft que de ceder au vice. Sed fi quod abfit illius tanti boni fpes nulla effet malle debuimus in hujus conflictationis moleftiâ remanere , quam vitiis in nos dominationem non eis refiftendo permittere.* Il auroit falu répondre a faint Auguftin fuivant le Livre de M. de Meaux , l'amour de Dieu n'eft que le defir de la beatitude en luy. S'il n'y avoit donc aucune efperance de beatitude en luy , nous ne pourrions plus l'aimer, ni demeurer volontairement dans la peine du combat pour refifter au vice. Telle eft la

Inftruc. p. 450.

De Civit. Dei l. 21. c. 15.

raifon d'aimer & vouloir aimer, autrement, *c'eft s'impofer à foy-méme*.. c'eft ne fe connoître plus, c'eft vouloir aimer fans amour c'eft-à-dire *fans deffein d'eftre heureux.* Saint Chryfoftome tomboit dans *un pieux ex és* lorfqu'il vouloit que Dieu eut *permis de pratiquer la vertu pour la recompenfe,* afin de s'accommoder à noftre foibleffe..... mais qu'on auroit une plus grande recompenfe, fi on agiffoit fans efperance d'eftre recompenfé. On auroit pû repondre à ce Pere, les hommes ne font point un acte que la raifon ne puiffe produire, ils tombent dans un *pieux excés* & dans une *pieufe extravagance* quand ils veulent aimer *fans le deffein d'eftre heureux* .... qui eft la *raifon d'aimer.* C'eft vouloir aimer fans amour, puifque l'amour n'eft
que

Homel. 13. in Epif. ad Hebr. Homel. 5. in Ep. ad Romanos.

que le desir de la beatitude dans l'objet aimé. Voilà ce qu'il auroit fallu répondre à S. Chrysostome dans les principes de M. de Meaux. Il auroit même fallu y ajoûter que ceux qui parlent de cet amour *secret &* *nouveau* admirent des *phrases* & des *pointilles* , que loin d'estre *foible* comme ce Pere le dit en jettant *aussi les yeux sur la re-compense* , on ne peut faire au-cun acte que *la raison puisse pro-duire* . . . *sans le dessein d'estre heureux.* Qu'enfin quoique ce Pere nomme *des vers de terre cachez dans du fumier* . . . & *des aveugles qui ignorent les rayons du Soleil,* ceux qui ne connois-sent point cet amour qui rega-de la beauté divine *sans aucun motif d'estre recompensez* , il faut au contraire estre convaincu que l'amour de Dieu n'est pro-

C

Voyez S. Gre-goire de Naziā. or. 4. 1. pag. 24 S. Chry-sostom. hom. 16 sur l'E-pit. aux Rom.

Hom. 16 in Epist. a Rom

duit par la raison & n'est un vrai amour, qu'autant qu'il est le desir d'estre heureux en Dieu. Quand Cassien repre-sente le juste parfait en ces ter-mes, *Nulla remunerationis gratiâ provocante, sed solo bonitatis ope-ratur affectu* : il renverse la rai-son d'aimer, il fait un amour chimerique & *alambiqué* selon M. de Meaux : sa beatitude for-melle est sa recompense ; il ne peut aimer que pour sa beatitu-de, puisque le desir de la bea-titude dans l'objet aimé est l'a-mour même : donc il ne peut agir qu'autant qu'il est excité par le desir de la recompense. Tout ce qui va plus loin ne consiste que dans des *phrases.* Quand S. Anselme dit, *que ce-lui qui s'est renoncé.... Si Dieu vouloit le condamner aux peines n'auroit aucun sentiment de Dieu*

De mē-sura-tione crucis cap. 4. *p.* 496.

qui ne fût digne de sa bonté. Il perd de vuë la raison d'aimer, & quand ce grand Saint ajoute *pour celui à qui cette parole que je viens de prononcer ne plait pas, Seigneur, donnez-lui de se renoncer, afin qu'il puisse comprendre cette parole,* tout ce *raffinement introduit dans la devotion,* n'a aucun sens réel. La verité dira-t'on suivant les principes de M. de Meaux est qu'on ne peut aimer Dieu que par le desir de la beatitude en lui : si donc elle n'y étoit pas il ne seroit plus aimable, & l'amour qu'on s'imagine dans la supposition de ce cas ne seroit plus amour ; puisqu'il n'auroit plus *la raison d'aimer* qui est le desir de la beatitude dans un objet. Tout de même S. Bernard a mis la perfection dans des actes que la raison ne peut produire, c'est à

dire dans une *pieuſe extrava-*
gance quand il dit *on loüe le Sei-*
gneur non à cauſe qu'il nous eſt
bon, mais à cauſe qu'il eſt bon.
Non quoniam ſibi bonus eſt, ſed quo-
niam bonus eſt. Ce Pere a mis la
perfection dans des *phraſes*,
quand il dit , *on n'aime point*
Dieu ſans eſtre recompenſé , quoi-
qu'on l'aime ſans le motif de la
recompenſe. Abſque præmij intui-
tu. Ce Pere ignore la ſeule raiſon d'aimer, quand il veut que
dans le plus ſublime degré de
perfection l'ame ne cherche *ni*
felicité ni gloire comme ſienne &
par un amour particulier d'elle
meſme. Il faut au contraire
que l'amour naturel perpetuel
& invincible de nous mêmes
ſe tourne à deſirer noſtre beatitude en Dieu , plûtot qu'en
aucun autre objet : toute la perfection ne conſiſte qu'à la de-

firer en Dieu, au lieu de la defirer ailleurs ; mais enfin l'a-
mour n'eft que ce defir d'où il
s'enfuit que S. Bernard a été
ébloüi comme les autres Peres
par un amour de Dieu entant
que bon & non entant que bon
pour nous. Car cet amour
alambiqué n'eft pas un amour
puifqu'il n'a pas la *raifon d'aimer*. Dire comme ce Pere. *l'aime parce que j'aime, j'aime pour
aimer. Amo quia amo, amo ut
amem....Le pur amour eft content
de lui mefme....il ne tire point de
force de l'efperance.* C'eft fe
payer de *phrafes* & de *pointilles*.
C'eft aneantir l'amour à force
de *l'alambiquer*, dire que l'épou-
fe eft dans ce degré fupreme
de l'amour, c'eft mettre la perfection dans un *raffinement* qui
eft une *pieufe extravagance*,
c'eft *impofer* à l'homme , c'eft

vouloir qu'il ne se *connoisse plus*, c'est mettre la perfection dans dans un acte qui n'est pas même un acte humain que la *raison puisse produire*. Voila ce qu'il faut penser d'une infinité de discours des Peres, dés qu'on admet la deffinition que M. de Meaux donne de la Charité. Ces Peres au dessus desquels il faut mettre S. Paul & Moyse sont tombés dans de *pieux excez*, & dans de *pieuses extravagances*, ils en ont donné l'exemple aux mystiques.

Ne nous étonnons donc plus si M. de Meaux croit faire grace à S. François de Sales, en n'approfondissant pas ses expressions. Par exemple ce Saint dit que l'ame parfaite & toute pure *n'aime pas mesme le Paradis sinon parce que l'Epoux y est aimé, mais si souverainement aimé en* ſon Paradis , que s'il n'avoit point de Paradis il n'en ſeroit ni moins aimable ni moins aimé par cette courageuſe amante qui ne ſçait pas aimer le Paradis de ſon Epoux, mais ſon Epoux de Paradis. *Am. de Dieu l. 10. c. 5 p. 308.*

M. de Meaux qui rapporte ces paroles ſe contente de dire qu'elles n'excluent pas le deſir du ſalut & c'eſt-ce qu'aucun homme ſenſé ne peut mettre en doute : mais il étoit queſtion de montrer les bornes preciſes du ſens de ce paſſage, & c'eſt-ce que M. de Meaux n'a poirc fait. Dans ſes principes il doit dire, l'ame la plus pure ne peut aimer l'Epoux ſans le deſſein d'eſtre heureuſe , car il *n'eſt pas poſſible à la Charité de ſe deſin- tereſſer ſur la beatitude . . . . & la raiſon d'aimer ne s'explique pas d'une autre ſorte.* L'époux n'eſt donc aimé qu'à cauſe qu'il *Inſtit. p. 332.* *Inſtit. p. 458. & 459.*

a un Paradis , c'eſt à dire la beatitude à communiquer. S'il n'avoit point de Paradis , c'eſt à dire s'il ne vouloit pas eſtre beatifiant pour nous , il ne ſeroit ni aimable ni aimé : Car ſelon M. de Meaux c'eſt une illuſion d'ôter à l'amour de Dieu le motif de nous rendre heureux…. *la raiſon d'aimer ne s'explique pas d'une autre ſorte.*

p. 479.

M. de Meaux dira peut-être qu'il n'eſt pas étonnant que Dieu ceſſât d'eſtre aimable , ſi par impoſſible il ceſſoit d'eſtre beatifiant c'eſt-à-dire parfait. Cette reponſe ne fait qu'eluder la difficulté. Je ſçay bien que Dieu eſt beatifiant, c'eſt-à-dire qu'il eſt capable de rendre ſa Creature bienheureuſe , comme il eſt juſte , ſage , tout-puiſſant , cet attribut eſt inſeparable de luy & eſt eſſentiel à ſa

perfection comme tous les autres : Mais je demande deux
choſes à M. de Meux, la premiere eſt ſi Dieu toûjours
tout-puiſſant en luy - même
pour rendre ſa Creature bienheureuſe n'auroit pas pû former des Creatures intelligentes
auſquelles il n'auroit pas donné la vie & la beatitude éternelle , ou bien ſi cette vie &
cette beatitude éternelle ſont
duës en toute rigueur à la Creature intelligente. Si M. de
Meaux répond que Dieu ne
peut former une Creature intelligente ſans lui devoir en
toute rigueur la vie & la beatitude éternelle : cette beatitude n'eſt plus une grace , elle eſt
dûë à la nature & Dieu n'eſt
plus le maître de ſon ouvrage.
Si au contraire Dieu eſt libre
de créer un être intelligent

fans lui donner la vie & la beatitude éternelle ; je viens à ma
feconde queſtion.

Cette Creature formée pour
n'avoir ni la vie ni la beatitude éternelle doit - elle aimer
Dieu ? N'y aura-t'il point en
Dieu une raiſon d'aimer qui
s'explique d'une autre forte
que par le defir d'étre heureux?
Dieu a - t'il perdu fes droits
fur elle, faute de la rendre éternellement bienheureufe ? Si
elle n'aime pas Dieu , l'ordre
eſt renverfé , fi elle l'aime voilà un amour qui n'eſt point le
defir de la beatitue , voilà une
raifon d'aimer que M. de Meaux
a rejetté , voila l'amour *alambiquée* qui devient réel & ne-
ceffaire. Voici ma concluſion,
un homme que Dieu auroit
crée pour aneantir fon ame
quand elle fortiroit de fon

corps, seroit obligé à aimer Dieu d'un amour supreme dans le dernier soûpir de sa vie où je suppose qu'il n'auroit aucune esperance ni de vie ni de beatitude. Pour nous il n'en est pas de même, selon M. de Meaux ; nous ne sçaurions l'aimer pour luy-même independemment du desir d'être heureux, parce qu'il nous prepare son Royaume éternel. Le bienfait qu'il nous prepare nous empêche de l'aimer sans le dessein d'être heureux, C'est *la raison d'aimer .... qui ne s'explique pas d'une autre sorte.* Vouloir aimer sans interêt pour soi, Comme cet homme qui va être aneanti pendant que nous allons regner éternellement dans le Ciel, c'est *s'imposer* à soy-même, c'est se payer de *phrases* & de *pointilles,* c'est vou-

Inst.
p. 459.

p. 460

loir faire *accroire à l'homme qu'il peut n'agir pas par ce motif d'eſtre heureux*, c'eſt s'imaginer un acte *que la raiſon ne peut produire* & tomber dans un *pieux excez.*

Aprés cela il ne faut plus s'étonner ſi M. de Meaux parlant de Saint François de Sales qui eſt ſelon luy tout plein de ces ſuppoſitions impoſſibles, dit *que les Sçavants qui trouvent ces ſuppoſitions ſi frequentes parmi les Saints du dernier âge ſont portées à les mepriſer ou à les blâmer comme de pieuſes extravagances; en tout cas comme de foibles devotions où les Modernes ont degeneré de la gravité des premiers ſiecles*, ce Prelat ajoûte que *la verité* ne *lui permet pas de conſentir à ce diſcours :* Mais nous avons vû qu'il ne peut raiſonner conſequemment ſur ses principes sans parler comme ces Sçavans ; aussi le laisse-t'il assez entendre malgré ses precautions : Car aprés avoir parlé ainsi , *on dira qu'il faut leur laisser leurs amoureuses* extrava- *Instruc.* gances , il répond , *je le veux,* p. 333. *s'ils n'en font point un mauvais usage.*

Il est vrai que ce Prelat autorise ces suppositions impossibles par S. Clement d'Alexandrie qui en a fait dés l'origine *Instruc.* du Christianisme , par *toute* p. 335. *l'Ecole de saint Chrysostome ,* par *Saint Thomas … Estius , Fro-* p. 337. *mond …* par toute l'Ecole où *&* 338. elles sont celebres … sans parler *des Mystiques où elles sont frequentes.* Voila de grandes autoritez & il semble que ce Prelat veut tenir tous les Sçavants en respect pour de telles suppositions. Quelquefois il appelle l'acte fondé sur cette supposition un *sacrifice qu'on voudroit pouvoir faire à Dieu de ce qu'on desire le plus.* Il le nomme dans saint François de Sales *une terrible resolation* par rapport à *l'impression de reprobation* & à ce qu'il appelle comme *une réponse de mort assuree.* Il le nomme un *amour pur* & un *acte si fort* où l'on est *prest à renoncer à tout excepté à l'amour,* il dit que c'est un *abandon......* *qui lorsqu'il est serieux n'est que pour les Pauls, pour les Moyses.* C'est-à-dire pour les plus parfaits. Il ajoûte que *la pratique de ces expressions ne peut estre serieuse & veritable que dans les plus grands Saints, dans un saint Paul, dans un Moyse ;* c'est à-dire dans les ames d'une sainteté qu'on ne voit paroître dans l'Eglise que cinq ou six fois dans plusieurs sie-

p. 345.

p. 339.

p. 432.

p. 429.

p. 431.

p. 443.

cles. C'est selon ce Prelat *une es-*
pece de sacrifice que Dieu presse p. 434.
par des touches particulieres à luy
faire à l'exemple de S. Paul .....
& qu'il exige par ses impulsions.
C'est un acte de si pleine deli-
beration que le Directeur le Art. 33.
peut inspirer aux ames peinées . . . . à fy.
pour *les aider à produire & en*
quelque sorte enfanter ce que
Dieu en exige. Il dit encore *qu'il* p. 431.
ni a rien de plus facile qu'un
abandon dont on sçait l'execution
impossible ; mais que *lors qu'il est*
serieux il n'est que pour les Pauls ,
pour les Moyses. M. de Meaux
veut donc par tant de grandes
expressions donner à cét acte
tout le serieux & toute la rea-
lité qu'un acte peut avoir.

D'un autre costé comment
peut-on faire sincerement un
sacrifice conditionnel de sa
beatitude , si on ne peut faire

aucun acte raisonnable sans le motif ou la raison formelle de la beatitude & sans le dessein d'être heureux parceque c'est *la raison d'aimer & qu'elle ne s'expliqur point d'une autre* sorte! Il est vrai que le renoncement conditionnel à la beatitude n'exclut pas le desir de la beatitude dans d'autres actes, mais le motif de la beatitude ne peut entrer dans l'acte ou l'on y renonce conditionnellement. Un exemple rendra ceci clair. Je dis à mon ami si vous vouliez je renoncerois à une telle somme d'argent qui m'est duë. Il est vrai que ce renoncement conditionnel ne m'empéche pas de vouloir d'ailleurs le payement de la somme qui m'est duë , parceque je sçay que mon Amy ne voudroit pas que je la perdisse : mais il est evident

Inst.
p. 459.

dent que le motif de toucher cette somme n'a aucune part même indirecte à l'acte par lequel je proteste à mon Amy que je suis prest à m'en priver pour luy ; autrement ma protestation seroit fausse & indigne d'un honnête Homme. On doit juger de même du sacrifice conditionnel, s'il est sincere, il doit signifier que je suis veritablement prest à renoncer à la beatitude éternelle, si cette privation plaisoit à Dieu: cet acte ne peut donc renfermer le motif de la beatitude. Cet acte n'a donc pas *la raison d'aimer* .... Il n'est donc pas de *ceux que la raison peut produire* & qui tendent *à la fin derniere*. Ce n'est donc qu'*un pieux excez* ou une *amoureuse extravagance*. Voilà ce qu'il faut selon les principes de

M. de Meaux dire neceſſairement de ces actes fondez ſur
des ſuppoſitions impoſſibles,
dont il avoüe que les Peres dés
l'origine du Chriſtianiſme les
ont attribuez aux plus parfaits
Chrétiens, que l'Ecole de
Saint Chryſoſtome les a admirez dans Saint Paul, enfin
qu'ils ſont celebres dans toute
l'Ecole, & frequents chez les
Myſtiques.

Voila donc ces actes d'un
coſté reconnus pour des actes
eminents, qui ne conviennent
qu'aux ames parfaites telles
qu'a peine en trouve-t'on
cinq ou ſix fois dans pluſieurs ſie-
cles, c'eſt une tradition de tous
les ſiecles qui les autoriſe : de
l'autre coſté ils ne ſont que de
pieux excés, que d'amoureuſes
extravagances, puiſque ce ſont
des actes d'amour qui ſont ſans

la raison d'aimer : car ils font
fans le motif de la beatitude &
que la raison d'aimer ne s'expli- p. 432.
que pas d'une autre forte que par
ce motif.

Quand une deffinition de
la charité jette fon Auteur dans
un inconvenient fi extreme , il
faut qu'elle foit bien fauffe
pour ne rien dire de pis. Elle
eft contraire à toute cette tradition avoüée. Elle fuppofe que
cette tradition eft pleine *d'a-*
moureufes extravagances.

M. de Meaux n'a t'il aucune peine à foutenir une doctrine d'où il faut neceffairement
conclure que toute cette fainte
tradition a mis une perfection
fublime dans des actes qui n'ont
aucun fens.

Comme il a fenti cette difficulté il a fait de grands efforts
pour en fortir ; voici le de-

noüement que je trouve dans ſes parolles. Il croit ſe debarraſſer en diſant que ce ne ſont que des *velleitez* ; mais les velleitez tombent ſur les choſes dont l'execution eſt impoſſible , & non ſur celles qu'on ne peut même vouloir en aucun ſens. Si donc on ne peut en aucun ſens vouloir aimer ſans la ſeule raiſon d'aimer qui eſt le deſſein d'être heureux , on ne peut avoir aucune velleité pour aimer Dieu ſans y chercher la beatitude. De plus toutes les velleitez renferment des volontez veritables , elles expriment toûjours des diſpoſitions pour des cas impoſſibles qui marquent une ſcituation actuelle de la volonté. C'eſt ainſi que le pecheur qui dit que je me repentiróis de mon peché quand même il n'y auroit point d'Enfer , exprime par cette velleité apparente un actuelle volonté de se reconcilier avec Dieu par l'amour de la justice & non par la crainte du châtiment. Le cas impossible ne sert qu'à exprimer la disposition actuelle de la volonté. Par exemple un Fils qui dit de tout son cœur à son Pere , je vous aimerois autant quand même vous ne seriez pas mon Pere , exprime par cette supposition d'un cas impossible une volonté réelle & actuelle d'aimer son Pere independamment du motif de la parentée. *Tout l'effet de ces suppositions,* dit M. de Meaux, *est que s'elevant en quelque façon au* p. 436. *dessus tant du possible que de l'impossible, on tâche d'exprimer comme on peut ce que porte le sacré*

Cantique, que l'amour est fort comme la mort, & que la jalousie que l'on conçoit pour la gloire de Dieu est dure comme l'Enfer & ne cede pas à ses supplices. Voila de grandes paroles, mais cherchons y quelque chose de precis. S'eleve-t'on reellement au-dessus tant du possible que de l'impossible, ou bien seulement s'y éleve-t'on en apparence & en paroles ? Si on s'y éleve réellement voila l'impossible devenu possible, voila le motif de la beatitude qu'on s'arrache dans un acte *produit par la raison*, voila une *raison d'aimer* que M. de Meaux ne devoit pas rejetter : si au contraire l'impossible demeure impossible, si on ne s'éleve au dessus qu'en paroles pendant que la volonté est actuellement determinée par le motif de la bea-

titude , ou est le serieux des
actes de saint Paul & de Moyse ? Ces actes sont ou faux ou
insensez. Faux si l'homme proteste qu'il seroit prest à renoncer à la beatitude formelle si
Dieu le vouloit , dans un acte
où cette beatitude est precisément ce qu'il cherche en
Dieu : insensez si l'homme ig-
norant son propre cœur , s'impose à luy - même , & dit à
Dieu ce qui n'est ni ne peut
jamais estre vrai , & qui n'a
aucun sens raisonnable. De tels
actes se détruisent eux-mêmes
puisqu'ils offrent à Dieu de
rompre pour luy plaire le seul
lien par lequel ils tiennent &
peuvent tenir à lui. Ils disent
à Dieu si vous vouliez nous
priver de la beatitude nous
vous aimerions de même, la
verité est pourtant selon M. de

Meaux que si par impossible
Dieu n'étoit pas leur *beatitude* .... il *ne leur seroit plus la
raison d'aimer.* Comme M. de
Meaux a eû horreur de dire
que ces actes sont faux, il a été
reduit à les croire contradictoi-
res à eux-mêmes , à les nom-
p. 443. mer de *pieux excez* & à les laif-
fer nommer aux autres de *pieu-*
p. 335. *ses extravagances.*

p. 460.   Mais est-ce par des *pointilles*
& des *phrases* vuides de sens
p. 431. qu'on satisfait à l'*amour fort*
comme la *mort & à sa jalousie*
dure comme l'Enfer ? n'y-a t'il
par exemple qu'à dire à un
ami qu'on veut se tuer pour
lui plaire, & vivre encore aprés
étre mort pour continuer à le
servir ? de telles extravagances
parmi les hommes, marquent
un cerveau troublé & non une
amitié solide. Exprimer l'impossible

poſſible quant à l'execution
exterieure , n'eſt donc rien de
ſolide en amitié : mais exprimer ce qu'il eſt impoſſible, même de vouloir eſt encore bien
pis. L'impoſſibilité tombant ſur
la volonté , même de celui qui
parle,toutes ſes parolles ſont ma-
nifeſtement fauſſes. Il dit qu'il
veut ce qu'il eſt manifeſte qu'il
ne peut pas même vouloir ! &
loin de lui ſçavoir bon gré de
ce qu'il dit , on ne peut l'en
excuſer qu'en ſuppoſant qu'il
eſt inſensé dans ce moment, &
qu'il n'entend rien de tout ce
qu'il dit.

Quand M. de Meaux parle
de Job modele des ames peinées , voici l'explication qu'il
donne à ces ſortes d'actes desin-
tereſſez. *Cet acte d'un ſi parfait* p. 9.
amour commence comme on a vû
par un tranſport , où d'abord on

ne remarquoit qu'une espece de
depit & il en prend la teinture
pour aboutir à la fin à mettre son
secours en Dieu.

Quand il veut expliquer
sainte Therese, qui dit que l'a-
me s'abandonne à Dieu sans reserve pour estre enlevée au Ciel,
ou menée dans les Enfers, sans
s'en mettre en peine. M. de
Meaux parle encore plus deci-
sivement. Il est difficile de bien
comprendre comment une ame
qui ne peut jamais faire aucun
acte raisonnable sans le dessein
d'être heureuse, peut s'abandonner sans reserve pour être
enlevée au Ciel ou menée aux
Enfers sans s'en mettre en peine : mais voici comment M. de
Meaux l'explique. *Bien loin,*
dit-il, de renoncer par son aban-
don à cette utilité spirituelle à
ce noble interest de posseder Dieu,

elle ſent qu'elle l'aſſure en s'aban- Inſtr.
donnant. 353.

Pour moi je ne m'étonne plus de cet abandon ſans reſerve, qui dans le fonds reſerve tout & qui ne coûte rien à l'ame qui l'exerce. Quand on s'abandonne parce qu'on ſent qu'on acquiert une ſureté dans cet abandon , on le pratique avec plaiſir. Il eſt facile d'être preſt à renoncer à la beatitude ſi Dieu l'exigeoit , quand on ſent qu'on l'aſſure par des *phra-* p.400.
ſes par des *pointilles* , par des demonſtrations qui augmentent la ſeureté de ce qu'on fait ſemblant d'être preſt à ſacrifier. L'enfant n'a aucune peine à offrir ſon joüet à ſa mere dez qu'il ſent que s'il le lui offre elle le lui laiſſera & lui en donnera de nouveaux. Mais cet acte eſt - il

ferieux ? est ce un acte d'un saint Paul , d'un Moyse ? les hommes souffriroient-ils qu'on les joüât par des offres contraires à tout ce qu'on veut & qu'on ne peut s'empécher de vouloir & qu'on ne leur offrit de le leur sacrifier qu'à cause qu'on sentiroit que cette offre apparente assureroit réellement la chose dont on n'a garde de vouloir en aucun cas se depoüiller ? cet acte loin d'estre digne d'un saint Paul & d'un Moyse est le comble de l'hypocrisie. Il auroit mieux valu excuser cet acte en disant toujours que c'est un *pieux excez* auquel on ne peut donner aucun sens precis. Que devient nôtre 33. article d'Issy où nous avons appellé *un acte d'abandon parfait & d'un amour pur prati-*

qué par des Saints. Celui par
lequel on consentiroit à la volonté de Dieu *quand même p..r
une tres fausse supposition au lieu
des biens éternels qu'il a promis
aux ames Justes, il les tiendroit
par son bon plaisir dans des tourments éternels , sans neanmoins
qu'elles soient privées de sa grace
& de son amour ?* la beatitude
formelle peut-elle être le motif de cet acte dans lequel selon nous on consentiroit à la
perdre si Dieu l'ordonnoit ainsi ? Cela ne se peut soutenir,
où est donc je ne dis pas la
perfection de cet acte que
nous avons appellé un *acte d'a-
bandon parfait & d'un amour
pur , pratiqué par des Saints,*
mais où en est le serieux ? M.
de Meaux dira peut-être dans
cet acte selon nôtre 33. article.
On desire toujours d'aimer

Dieu, il eſt vray ; mais avec cet amour dont on ne veut jamais être privé, on conſent dans le cas d'une ſuppoſition impoſſible à ſouffrir des *tourments éternels*. L'amour de Dieu avec les tourments éternels, peut il étre la beatitude formelle dont on joüit dans le Ciel & de laquelle il eſt queſtion icy ? c'eſt de cette beatitude dont il s'agit, M. de Meaux dit que ce n'eſt que par elle que s'explique la raiſon d'aimer, *la raiſon d'aimer*, ce font ſes termes, ne *s'explique pas autrement* : On ne peut donc aimer que par le motif de cette beatitude formelle, peut-elle étre le motif d'un acte par lequel on ſeroit preſt à y renoncer ſi Dieu le vouloit ? donc ou nôtre article 33. eſt une illuſion manifeſte, ou

p. 459.

la raison d'aimer s'explique
autrement que par le motif de
la beatitude formelle dont on
joüit dans le Ciel, & son motif est, comme le soutient toute l'Ecole, la bonté absoluë
de Dieu sans aucun rapport
à nous, ce qui est bien op-
posé aux idées que M. de
Meaux donne de la Charité.

Mais écoutons encore M. de
Meaux pour apprendre la juste valeur de ces actes si au-
torisez par nôtre 33. article.
*Quand saint Paul, dit-il, a
parlé de cette sorte, il n'a pas* p. 443.
*pretendu faire un acte plus par-
fait ni plus pur que lors qu'il a
dit, je desire la presence de
Jesus-Christ, & je m'étends en
avant vers la recompense.* Il
n'est pas question d'examiner
la pretention de l'Apôtre qui
n'a jamais pretendu regler le

prix de ſes actes ; mais juſqu'ici le torrent des Theolo-
giens n'a pas crû que le deſir de la recompenſe quoi
qu'excellent & digne de l'A-
pôtre méme, fût dans ſon eſ-
pece auſſi parfait que le ſou-
hait d'étre anathéme pour ſes
freres. Voila ce qu'on auroit
de la peine à comprendre ſi on
n'avoit la clef du Livre de M.
de Meaux : mais dez qu'on
ſçait que ſelon ce Prelat l'ame
ſent qu'elle s'aſſure ce qu'elle
abandonne, on voit bien qu'elle n'a pas plus de merite dans
ſes abandons que dans ſes deſirs , puiſque ſes abandons
ne ſont que des deſirs de-
guiſez.

Il y a un autre endroit où
M. de Meaux parlant contre
les myſtiques, dit *qu'il n'y a
rien de plus faciles que ...*

don dont on ſçait l'execution im-
pſſible : mais que lors qu'il eſt
ſerieux, il n'eſt que pour les Pauls,
les Moyſes , &c. Si donc les
Pauls & les Moyſes ne peuvent
faire aucun acte raiſonnable
ſans le deſſein d'être heureux....
ſans cette unique *raiſon d'aimer*
leur abandon n'eſt pas plus
ſerieux que celui des autres:
*bien loin de renoncer par leur
abandon à leur utilité ſpirituelle,
à ce noble intereſt*........ ils ſentent qu'ils l'aſſurent en s'aban-
donnant. Ils n'offrent à Dieu
leur beatitude formelle que
pour *l'aſſurer*, & parce qu'ils
ſentent qu'ils *l'aſſurent en l'a-
bandonnant* par des *phraſes* &
par des *pointilles* : c'eſt s'en faire un merite à bon marché.
Pour moy je vay plus loin que
M. de Meaux. Il croit que cet
acte n'eſt point plus parfai

que le defir de la recompenfe ; & moy je crois le defir de
la recompenfe excellent, pendant que je fuis tres fcanda-
lifé de cet acte infenfé ou hi-
pocrite qui exprime le suprê-
me desintereffement pour affu-
rer davantage ce noble inte-
reft comme parle ce Prelat.

Enfin il acheve de s'expliquer ainfi : *qu'ajoute à la perfection d'un tel acte l'expreffion
d'une chofe impoffible ? rien qui
puiffe eftre réel ; rien par confequent qui donne l'idée d'une
plus haute & plus effective perfection.* En effet dez qu'on
renferme dans fes actes *le deffein d'être heureux* qui eft la
feule *raifon d'aimer*, faute de
laquelle Dieu ne feroit plus
aimable , & qu'on y joint
une affurance fenfible de la
beatitude formelle qui vient

p. 429.

de cet abandon apparent ; plus une ame recherche fa propre confolation, plus elle s'abandonnera à toute heure. Cet abandon loin d'eftre *fans referve* ne fera fondé que fur la referve de tout ce qu'on fera femblant d'abandonner. *L'expreffion d'une chofe impoffible* non feulement à executer, mais encore à vouloir fincerement, loin *d'ajouter à la perfection* d'un tel acte, le rend faux & ridicule. Voila ce qu'on ne peut s'empêcher de dire des actes de faint Paul, & de Moyfe. Admirez par les Saints de tous les fiécles, dez qu'on deffinit, comme m. de meaux, la Charité *un amour de Dieu entant que beatifiant*, en y ajoutant, que c'eft la feule *raifon d'aimer.......qui ne s'explique pas d'une autre forte*

& que s'il ne vouloit point
eftre beatifiant à nôtre égard,
c'eft-à dire fe rendre *nôtre beatitude*.... il ne nous feroit
plus la *raifon d'aimer*.

Pour les endroits que M. de
MEAUX cite de faint Thomas,
les uns ne regardent que l'a-
mour particulier d'amitié, &
point la nature de la Charité. Ce faint Docteur veut feulement que l'amitié fuppofe
une communication mutuelle
de biens : mais il ne dit pas
que l'utilité de cette communication entre comme un motif dans l'amitié. D'autres paf-
fages marquent feulement que
la Charité a pour objet Dieu
entant que beatifiant ; mais
ce n'eft pas pour exprimer
que la beatitude foit le motif
de la Charité ; c'eft feulement pour dire qu'elle regar-

de Dieu non dans l'ordre naturel , mais dans le furnatu-
rel entant qu'il nous éleve à
la vifion intuitive de fon ef-
fence. D'autres enfin expriment que la Charité regarde
la beatitude *fecundariò* , mais
on fçait que felon l'Ecole il
n'y a d'effentiel que ce qui
eft *premier, primarium* , & que
les chofes *fecondaires* n'entrent
jamais dans la conftitution &
dans l'efpece d'une vertu.
Donc fi la Charité ne regarde la beatitude que *fecondairement* , ce motif ne lui eft
point effentiel. Non feulement
on peut fe *l'arracher* dans l'a-
cte de Charité , mais encore
l'acte de Charité fe trouve en-
tier & parfait dans fon efpece fans ce motif. La Charité regarde *fecondairement* la
beatitude en ce qu'elle com-

mande les actes d'Esperance
par lesquels on desire ce sou-
verain bien.

Il est vrai encore que saint
Thomas a regardé la Charité
comme tendant à l'union avec
Dieu, & cette union comme
faisant la beatitude : mais
quoique cette union rende
l'ame réellement bien heureuse, il ne s'ensuit pas que l'a-
me par l'acte de Charité cherche formellement la beatitude
qui resulte de cette union.

Quand saint Augustin a parlé du desir naturel invincible
& continuel d'être heureux,
il a parlé d'une inclination
necessaire que l'Ecole nomme,
appetitus innatus, & non des
actes deliberez que la raison
peut produire. Nous avons vû
qu'il suppose qu'un homme
devroit demeurer fidelle à

Dieu dans l'état douloureux du combat de ses passions, quand même il n'auroit aucune esperance de la beatitude. Rien n'est plus decisif pour montrer que l'homme doit aimer Dieu independamment du motif d'être heureux. Enfin si saint Augustin a dit que la Charité cherche la beatitude, il l'a · dit en prenant la Charité dans un sens generique pour toute bonne volonté. La Charité desire la beatitude en ce qu'elle l'espere selon la parole de l'Apôtre, & elle l'espere parce qu'elle donne à l'Esperance sa forme & qu'elle en commande les actes.

Au reste M. de MEAUX ne peut alleguer que la volonté peut faire une abstraction & non une exclusion de la beatitude. A Dieu ne plaise que j'admette une exclusion de la beatitude ce qui détruiroit l'esperance essentielle au Christianisme & necessaire pour le salut. Je dis seulement que l'acte de Charité n'a pas la beatitude pour motif, mais la bonté de Dieu sans rapport à nous. Le desir de la beatitude est un acte non de la Charité mais de l'Esperance. La Charité aime Dieu pour lui-même, l'Esperance desire la beatitude qui est promise. La Charité ne peut exclure ce desir, puis qu'elle ne peut exclure l'Esperance; mais elle ne le renferme pas, comme elle ne renferme pas ce qui appartient à l'acte de Foy, quoique loin d'exclure cet acte c'est elle qui le perfectionne : Il en est de même du motif de la beatitude, il appartient à l'Esperance, &

on ne peut l'attribuer à la Charité sans confondre les vertus
& en detruire la distinction
qui est comme nous l'avons dit
dans nôtre 21. article *revelée
de Dieu*. Pour M. de Meaux
il ne peut admettre dans l'acte
de Charité l'abstraction du
motif de la beatitude ; Car
on ne peut jamais dans l'acte
propre d'une vertu , faire abstraction de son motif ou objet
formel : Si donc *le deffein d'é-
tre heureux* est la *raison d'aimer*
& fi Dieu dans le cas impoſſible où il ne feroit plus nôtre
beatitude, n'étoit plus *la raiſon*
d'aimer à nôtre égard, il s'enfuit évidemment qu'on ne peut
l'aimer que par cette *raiſon*
d'amour , il s'enfuit que c'est
entant que beatifiant ou fous
d'autres mots entant qu'il est
nôtre *beatitude*, que nous de-

p. 455.

vons le confiderer dans tout
acte de Charité. Donc l'ab-
ftraction eft impraticable felon M. de Meaux, & en dé-
truifant la feule *raifon d'aimer*
elle ne laifferoit rien d'aimable en Dieu. Combien cette
Doctrine eft elle contraire à
celle de faint Thomas & de
toute l'Ecole, qui reconnoif-
fent que tout objet qui eft bon,
eft l'objet de l'amour? parce
qu'alors ils appellent amour
non le defir de l'objet pour
nous, mais la volonté par laquelle tantoft on lui defire
quelque bien , tantoft on fe
complaît dans celui qu'il pof-
fede , ce qui eft la bienveil-
lance & la complaifance. C'eft
dans les endroits où faint Thomas veut diftinguer precifément la Charité & l'Efperance
qu'on peut trouver fes verita-

bles notions sur ces deux vertus. *Il y a dit ce saint Docteur
un amour parfait , & un amour
imparfait ; le parfait est celuy
par lequel on aime quelqu'un en
lui-même en lui voulant du bien,
comme un homme aime son ami.
L'amour imparfait est celui par
lequel on aime quelque chose non
en elle-même, mais afin que quelque bien nous en revienne, comme
un homme aime la chose pour laquelle il a une sorte de concupis-
cence. Le premier amour appartient à la Charité qui s'attache
à Dieu consideré en lui-même.
L'Esperance appartient au second
amour , car celui qui espere tend
à obtenir pour soy quelque bien.*

2. 2. q.
17. a. 8.
*Amor
quidam
est per-
fectus ,
quidam
imper-
fectus.
Perfe-
ctus
quidem
amor
est, quo
aliquis
secun-
dum se
ama-
tur, ut
pote cui
aliquis
vult
bonum ,
sicut
homo
amat*

*amicum. Imperfectus amor est, quo quis amat aliquid
non secundùm ipsum , sed ut illud bonum sibi ipsi
proveniat , sicut homo amat rem quam concupiscit.
Primus autem amor pertinet ad Charitatem , quæ
inhæret Deo secundùm seipsum. Sed Spes pertinet ad
secundum amorem : quia ille qui sperat , aliquid
sibi obtinere intendit.*

1. 2. q.
2 3. a. 6.
*Semper
autem
id quod
est per
se, ma-
... est
... quod
est per
aliud.
Fides
autem
& Spes
...
...
quidem
Deum,* ... la Foy est plus parfaite que la Charité, parce
qu'elle cherche Dieu encore
qu'il nous en revient un bien,
c'est-à dire la beatitude , &
que la Charité s'attache à lui
en le considerant simplement
en lui-même. Cette Doctrine
est évidemment confirmée par
ces paroles du même Saint.
*Ce qui est par soy est plus parfait
que ce qui est par autrui. La Foy
& l'Esperance atteignent Dieu à
la verité , mais c'est entant qu'il
nous revient de lui la connoissance
de la verité , & la possession du
bien. Mais la Charité atteint
Dieu pour s'arreter en Dieu , non
afin qu'il nous en revienne quelque
bien. C'est par là que la Charité
est plus excellente que la Foy &
que l'Esperance.*

*secundum quod ex ipso provenit nobis vel cognitio
veri, vel adeptio boni. Sed Charitas attingit ipsum
Deum, ut in ipso sistat, non ut ex eo aliquid nobis proveniat. Et ideo Charitas est excellentior Fide & Spe-*

Voila des endroits de saint Thomas qui sont decisifs & qui ne peuvent jamais être éludez. Ce saint Docteur s'est *accommodé* comme *Scot* de la *distinction* de la bonté absolué d'avec la relative. Voila des endroits ou il traitte expressément ce qui constitue l'essence de ces vertus, ce qui les distingue precisément les unes des autres, & ce qui rend la Charité plus parfaitte selon la parole de l'Apostre, *Tria hæc major autem horum est Charitas.* M. de Meaux en renversant cette Doctrine, borne la Charité à l'amour *imparfait* d'Esperance, qui selon toute l'Ecole n'est pas capable de justifier un pecheur sans le sacrement de Penitence. Enfin il rend chimeriques & absurdes tous les actes qui ont été reconnus pour les plus parfaits par les Peres , par les Saints Mystiques , & par le torrent des Theologiens.

II. POINT.

De l'Oraison Passive.

MOnsieur de Meaux veut établir une Oraison Passive qui consiste dans une *ligature des puissances* , sçavoir de l'entendement & de la volonté. 1°. Cette ligature est selon lui une impuissance de faire aucun acte discursif. 2°. Cette impuissance s'étend aussi jusqu'à d'autres actes que l'Auteur ne borne point. Il exclut *les actes discursifs, & les autres dont il plaist à Dieu de faire sentir aux ames la privation.... Dieu n'en demeure pas là,* avoit-il dit auparavant , & ayant une fois tiré l'ame de sa maniere accoutumée , il la manie comme il luy plaist . . . . elle fera dans un autre tems les autres actes du Chrétien, dans ce moment elle ne veut ny elle ne peut en faire d'autre que celui de se tenir abimée en Dieu. Il avoit dit auparavant , *p. 140.* l'ame . . . . tout d'un coup comme poussée de main souveraine non seulement ne discourt plus , mais encore ne peut plus discourir , ce qui attire d'autres impuissances dans le tems de l'Oraison. 3 . Cette impuissance est tellement indefinie selon M. de Meaux , qu'il faut demeurer d'accord que *p. 232.* Dieu peut pousser bien loin , ou pour mieux dire aussi loin qu'il veut ces états passifs , sans que personne lui puisse demander , pourquoi faites vous ainsi ? De sorte qu'on ne peut mettre de bornes

à ces estats que par la declaration
qu'il a faite de sa volonté dans sa
parole écrite ou nõ écrite. 4°.Cette
impuissance indefinie est absoluë; ce n'est point l'impuissance
de ne faire pas ce que la grace
efficace inspire au commun des
hommes. Je ne pretens point
nier cette espece d'impuissance , *in sensu composito* , comme
parlent les Thomistes, qui s'ac-
corde avec un veritable pouvoir de resister à la grace ; il
s'agit d'une impuissance absoluë. Il ne faut pas la mettre ,
dit-il , *dans les motions & ins-*
pirations de la grace commune à
tous les justes ; parceque de cette
maniere tous les justes seroient
passifs , & il n'y auroit plus de
voye commune . . . . . . Dieu , dit
ce Prelat , *fait des hommes tout*
ce qu'il luy plaist , les emporte ,
les entraîne où il veut , fait en eux

& par eux tout ce qu'il s'en est *p. 233.*
proposé dans son conseil Eternel , *& 234.*
sans qu'ils luy puissent resister ;
parce qu'il est Dieu , qui a en sa
main sa creature , & qui demeure maistre de son ouvrage , non-
obstant le libre arbitre qu'il luy a
donné. Cette proposition est de la
Foi , & paroist incontestablement
dans les extases ou ravissemens ,
& dans toutes les inspirations prophetiques. Voici la raison de
ce Prelat qui est bien remar-
quable. *Dieu qui a donné ces* *p. 310.*
puissances intellectuelles , les peut
suspendre ou lier autant qu'il luy
plaist , & mesme la volonte qui
est la plus libre & la plus inde-
pendante de toutes. Enfin il ne
laisse plus aucun lieu de douter quand il parle ainsi de l'O-
raison Passive : *il est vray que* *p. 366.*
l'oraison de pure grace qui se fait
en nous sans nous , de soy n'a point

G

de merite , parce qu'elle n'a point de liberté. Selon luy la contemplation active eſt celle où l'on ne fait point d'actes diſcurſifs, quoi qu'on en puiſſe faire;mais la paſſive eſt celle ou non ſeulement on n'en fait point , mais encore où l'on n'en peut faire.

p. 447. *Tous cès actes , dit-il , ſont ſuſpendus dans les moments que Dieu veut ; en ſorte qu'il n'eſt point poſſible à l'ame de les exercer dans ces moments.* Il eſt vrai que M. de Meaux en excluant de cette oraiſon toute liberté pour les actes diſcurſifs & pour les autres qui plaît à Dieu de ſuſpendre , n'exclut pas la liberté pour les actes qui ne ſont pas compris dans cette ſuſpenſion indefinie. C'eſt ce qu'il a fait entendre en diſant ces paroles:

p. 237. *Ce qui bien certainement n'empéche pas l'uſage de la liberté ,*

comme il paroît dans les *Anges*,
qui font libres fans eftre difcurfifs. Il veut montrer que dans
l'Oraifon Paffive on peut meriter malgré cette impuiffance
abfoluë de faire des actes difcurfifs ; & il en rapporte une
preuve bien furprenante : C'eft
l'exemple des Anges. Ils ne font
pas *difcurfifs*, il eft vrai : mais
font-ils *libres* pour le merite,
comme l'ame qui eft dans l'O-
raifon Paffive doit l'eftre ? Cet
exemple des Anges *libres*, quand
il eft queftion de meriter, eft
ou un paralogifme qu'on n'ofe-
roit imputer à un fi fçavant
Prelat, ou l'erreur Lutherien-
ne dont on n'a garde de l'accu-
fer ; mais la propofition prife
avec ce qui la precede & ce
qui la fuit, ne pourroit en rigueur fignifier qu'une liberté
de merite dans les Anges, ou

une fimple liberté de contrain-
te comme celle des Anges dans
les hommes attirez à l'Oraifon
Paffive. Si M. de Meaux s'é-
toit contenté de dire que les
Anges fans eftre difcurfifs ont
été libres pour le merite 'dans
le moment de leur creation , fa
propofition eut été hors de
doute : mais peut-on dire au
prefent & fans reftriction que
les Anges font libres ?

Ce qu'il dit des *extafes* &
de *toutes les infpirations prophetiques* ne m'eftonne pas moins. Il
fuppofe que les Saints dans tous
ces états n'ont point eû de liberté. Pour les extafes , il n'auroit qu'à lire Sainte Therefe ,
& les autres qui ont affuré
fur leurs propres experiences
qu'on refifte fouvent à ces impreffions divines , & lors même qu'elles font fi fortes qu'on

ne peut en arrêter l'impref-
fion fenfible & exterieure. Il
n'eft pas dit que l'ame perde
entierement l'ufage du libre
arbitre pour les actes qu'elle ne
fait pas, à caufe qu'elle eft puif-
famment attirée à en faire d'un
autre genre. Rien ne me pa-
roift plus dangereux que d'au-
torifer de tels eftats, où l'homme pourroit croire qu'il n'eft
plus libre. On n'a qu'à lire ce
que Suarez a écrit tres folide-
ment fur cette matiere dans
des principes tout contraires à
ceux de M. de Meaux.

Pour les infpirations prophetiques, fi elles font une
preuve *inconteftable* qu'on ne
peut refifter à Dieu, parce
qu'il *demeure maiftre de fon ou-*
vrage nonobftant le libre arbitre
qu'il luy a donné, il fenfuit que
les Prophetes n'ont pû refifter

à Dieu dans l'actuelle inspiration, & qu'ils n'ont point alors
eû la liberté d'indifference
pour lui obeïr. Ce dogme éta-
bli par M. de Meaux comme
de la Foy & comme incontesta-
ble *dans toutes les inspirations
prophetiques* me paroît insoutenable & manifestement contraire à l'Ecriture, tout au
moins dans la plufpart de ces
inspirations.

Quand Isaïe entend le Seigneur qui dit, *qui envoyeray-je,
& qui ira pour nous?* Ce Prophete répond, *Ecce Ego mitte
me,* & le Seigneur luy dit,
Vade & dices populo huic &c.
Alors Isaïe n'avoit-il pas la liberté d'indifference pour s'offrir ou pour ne s'offrir pas,
pour accepter l'ordre de Dieu
& pour l'executer ou pour s'en
abstenir? Voila fans doute

une inspiration Prophetique. M. de Meaux dit que sa doctrine *paroist incontestablement dans toutes ces inspirations.* Il faut donc qu'Isaïe n'ait point eû alors la liberté d'indifference, qu'il ait été *pousse de main souveraine*... *entrainé* .... *em-* *porté* ..... *sans pouvoir resister*, & qu'il n'ait eû aucune part meritoire à l'accomplissement de sa Mission.

p. 240.
p. 234.

Quand les Prophetes en tant d'occasions ont paru devant les Roys de Juda & d'Israël pour leur reprocher leurs iniquitez, & pour leur annoncer les desseins de Dieu, n'avoient-ils aucune liberté & aucun merite dans un ministere si perilleux & si edifiant ? L'Ecriture ne les loüe-t'elle pas ? Croirons-nous avec M. de Meaux qu'il est *de foy* que ce defaut de liberté *paroiſt inconteſtablement dans toutes les inſpirations propheti- ques ?* Ou plûtoſt ne croirons nous pas avec l'Ecriture que le Prophete Eliſée a été libre dans l'exercice du miniſtere pour lequel il étoit inſpiré, puis qu'elle le loüe d'une maniere ſi magnifique du courage avec lequel il l'a accompli ? *In diebus ſuis non pertimuit principem, & potentiâ nemo vicit illum.* Où eſt le courage, où eſt le ſujet d'un ſi grand éloge, s'il n'avoit point de liberté lors qu'inſpiré de Dieu il parloit aux Roys ? Moïſe n'a t'il pas heſité & fait plus que Dieu ne vouloit de lui ? Jeremie n'a t'il pas voulu s'excuſer pour n'accepter point ſa Miſſion ? N'a-t'il pas voulu retenir la parole qui étoit en luy ? Que dira-t'on de Jonas ? N'a t'il pas reſiſté à

Dieu dans l'inspiration qui l'envoyoit à Ninive ? On ne peut pas dire qu'il ne fût pas veritablement inspiré pour y aller, & il est certain qu'il est puni pour ne l'avoir pas fait. Dieu dit à Balaam, *Vade cum eis, ita dumtaxat ut quod tibi præcepero facias.* Et dans la suitte, *ait Angelus, vade cum eis, & cave ne aliud quam præcepero tibi loquaris.* On l'exhorte à ne parler que suivant l'inspiration: Or est-il que l'exhortation est selon Saint Augustin la preuve decisive de la liberté ; car on n'exhorte point celui qui n'est pas libre de faire ou de ne faire pas. Donc le Prophete Balaam en executant sa Mission dans l'inspiration actuelle étoit libre de resister à Dieu & de ne suivre pas son inspiration. Donc il n'est pas permis de dire que

Num. c. 22. v. 20.

Ver. 35.

De grat. & libero arbitrio & alibi.

la paſſiveté qui emporte & en-
traine l'homme *ſans qu'il puiſſe*
reſiſter . . . . paroiſt inconteſtable-
ment dans toutes les inſpirations.
Prophetiques. M. de Meaux cite luy-même un exemple qui
detruit en termes formels ſa
propoſition. C'eſt *le ſonge myſ-*
tique de Salomon, où il fit un choix
ſi digne de ſa-ſageſſe , qui re-
çut auſſi tôt une ſi ample recom-
penſe. Ce ſonge eſtoit ſans doute extatique & d'une inſpiration prophetique. La liberté
pour le merite s'y conſerva
neanmoins toute entiere de l'a-
veu de M. de Meaux. Donc la
ſuſpenſion de la liberté ne paroît pas *inconteſtablement dans*
toutes les inſpirations propheti-
ques. Il ne reſte qu'à ſçavoir ſi
en changeant l'expreſſion de
M. de Meaux & en diſant
quelques inſpirations au lieu

de *toutes les inspirations* on pourroit la juſtifier : mais alors ce
ſeroit encore à luy à donner
quelques exemples bien precis
d'une inſpiration où l'ame inſ-
pirée auroit été dans une impuiſſance abſoluë de reſiſter
même interieurement en ne
voulant pas conſentir. Perſonne
ne doute que Dieu ne puiſſe
oſter l'uſage du libre arbitre :
il s'agit non du droit mais du
fait tres difficile à prouver en
de telles occaſions , & qu'il
n'eſt pas permis d'avancer ſans
preuve.

M. de Meaux ne demêle pas
même aſſez la nature de cette
paſſiveté qu'il veut établir. Il
dit que *comme la prophetie & le* p. 266.
don des langues ou des miracles,
elle reſſemble à cette ſorte de
grace gratuitement donnée, Gra-
tia gratis data ; & il n'oſe dire

que c'eſt une grace de ce genre. Mais il faudroit decider ſi
elle eſt veritablement du genre
des graces gratuitement don-
nées, ou de celui des graces
qu'on nomme gratifiantes. C'eſt
pourtant deja beaucoup qu'il la
faſſe ſemblable à *la prophetie* &
au *don des langues* : ſans doute
un tel don eſt bien manifeſte-
ment miraculeux : auſſi fait-il
entendre que de telles graces
ſont en nous ſans nous. *Tout*
p.236. *d'un coup, dit-il, & lorſqu'on y*
penſe le moins, on ſe trouve com-
me un autre Elie, ou comme un
autre David en figure de Jeſus-
Chriſt ; & le tout ſans que la vo-
p. 237. lonté *y ait de part. On peut re-*
cevoir tous ces mouvements & ces
divines impreſſions ſans y rien con-
tribuer de noſtre part. Il avoit
p.236. dit un peu au deſſus ces paroles : *C'eſt ce qui arrive à tous ceux*

en qui il se fait soudainement &
par une main souveraine de grands
changements.

On ne peut plus douter aprés
ce qu'on vient de lire que cette passiveté n'ait les vrais carac-
teres des graces qui sont en
nous sans nous , & qui sont mi-
raculeuses. Si elle n'a pas ce
caractere à l'égard des actes que
l'ame fait , du moins elle l'a
pleinement à l'égard de tous
les actes que l'ame est dans
l'impuissance de faire. M. de
Meaux dit que *l'Oraison Passive*
marche entre deux. C'est-à-dire, *p.44 &.*
entre la voye commune & les ex-
tases ou visions prophetiques ......
& n'a rien d'extraordinaire que
la soubstraction des actes qu'on a
marquez , tels que sont principale-
ment les actes discursifs , ce qui lui
donne le nom de surnaturelle. Il
veut adoucir par là l'idée qu'il

donne de cette Oraifon. Mais

p. 266.
367.

enfin il a dit, *que l'état myfti-que confifte principalement en quelque chofe que Dieu fait en nous fans nous, & où par confe-quent il n'y a ni ne peut y avoir de merite &c.* Enfin cette oraifon eft furnaturelle & miraculeufe; car rien n'eft plus miraculeux

p. 236.

que ces *grands changemens* qui fe font en nous de *main fouve-raine*, le tout *fans y rien contri-buer de noftre part* ; rien n'eft plus miraculeux qu'une im-puiffance foudaine & abfoluë d'ufer de noftre libre arbitre pour les actes les plus communs. Je ne puis plus douter que je ne fois hors des bornes de la natu-re, quand le libre arbitre me manque pour vouloir faire cet acte difcurfif : *J'aime Dieu parce qu'il eft bon.* Si c'eftoit feulement que des impreffions exterieures m'otaſſent par diſtraction la penſée & le goût de ces actes, je pourrois croire que ce ſeroit l'effet de quelque cauſe naturelle ; mais quand je ne puis plus uſer de mon libre arbitre & vouloir cet acte, mon état eſt évidemment ſurnaturel & miraculeux.

Il ne reſte plus qu'à ſçavoir ſur quelle autorité M. de Meaux établit une paſſiveté ſi forte. L'autorité doit eſtre proportionné à l'importance du dogme qu'il veut établir. A l'égard de cette paſſiveté, je ne puis mieux faire que de rappeller à M. de Meaux ſa propre regle marquée en ces termes : *Rien* p. 407. *ne les charge tant* , il parle des nouveaux Myſtiques , *que le ſilence éternel de toute l'antiquité.* C'eſt en cette occaſion que ce Prelat rejette avec raiſon les *traditions occultes.* Il ajoûte : *Nous montrerons en son lieu plus amplement que l'Eglise n'a jamais reçû d'autres traditions que celles qui sont reconnües par le consentement unanime de tous les Peres.* Il n'est pas inutile de remarquer ici en passant combien cette expression est excessive. Par là on rejetteroit de la tradition tout point de doctrine qui n'auroit pas le consentement unanime de tous les Peres, comme par exemple celui de ne point rebaptiser aprés les heretiques qui observent la forme de l'Eglise, ce qui a été combatu par saint Cyprien ; celui qui regarde le tems ou les ames des justes joüissent de la beatitude ; & d'autres qui sont assez cõnus. Et comme il y a beaucoup de points decidez par l'Eglise, ou *ce consentement unanime de tous*

les

les Peres ne se trouve pas , parce que quelques uns d'entre eux
ont eû des erreurs , & que les
autres ne se sont pas expliquez
clairement, ou n'ont point parlé sur ces matieres , il s'ensui-
vroit que tous ces points de-
vroient estre retranchez de la
tradition , si on vouloit prendre en rigueur cette decision
si absolüe de M. de Meaux.
Mais enfin en la prenant benignement , il faut au moins
un consentement de la plus-
part des Peres. Cherchons ce
consentement unanime pour la
passiveté telle que nous venons
de la voir dans le livre de M. de
Meaux , & écoutons le luy-
même. *Les plus grands Saints de* p. 267.
l'antiquité , dit-il , où l'on ne
voit ni trait ni virgule qui tende
à l'état passif, un Saint Basile

H

appellé de Dieu à enseigner les plus parfaits, un Saint Gregoire de Nazianze si sublime dans la contemplation, un saint Augustin dont nous avons tant de hautes instructions sur l'oraison, des oraisons actuelles si belles & si expliquées dans ses Soliloques, dans son livre de la Trinité, dans ses autres livres, outre les Confessions qui dans toute leur étenduë ne sont qu'une perpetuelle oraison, sans qu'on y voye aucun vestige, mais plûtost tout le contraire de ces impuissances mystiques : En un mot tous les autres Saints, les Cypriens, les Chrysostomes, les Ambroises, les Bernards même, où ces états extraordinaires purement passifs & ces actes irreiterables ne se trouvent pas ; seroient les plus imparfaits de tou- les Saints.

J'avouë que je n'ay jamais lû
cet endroit du livre de M. de
Meaux sans étonnement : personne ne paroît si attaché que
luy à la tradition par la maniere dont il en parle ; on vient
même de voir que sur ce point
ses expressions vont trop loin,
& que ce qu'il dit de la necef-
sité du *consentement unanime de
tous les Peres* est insoutenable.
Il veut qu'on prenne pour regle *p. 140.*
des estats paffifs *la declaration
que Dieu a faite de sa volonté
dans sa parole écrite & non écrite.* En cela il a tres grande raison ; car on ne doit point admettre d'autre regle : mais lorfqu'il veut établir sa paffiveté
& prouver qu'elle n'appartient
pas à la grace juftifiante qu'on
nomme *gratum faciens*, mais à
celle qui est appellée gratuite-

ment donnée , *gratis data* , quel eſt le principe dont il ſe ſert , & auquel il donne le nom de *p.266.* *demonſtration Theologique* ? Sera-ce la tradition qui a regardé la paſſiveté comme une grace donnée gratuitement , & non comme une grace juſtifiante ? Nullement : les deux principes qu'il employe pour prouver ces deux points ſont ſ'un le ſilence de la tradition juſqu'à Saint Bernard ſur la paſſiveté ; l'autre eſt l'oppoſition de Saint Auguſtin à cette doctrine , dans les écrits duquel on voit *tout le contraire de ces impuiſſances myſ-tiques.*

Mais par ces impuiſſances myſtiques M. de Meaux entend il la paſſiveté qu'il veut établir ? oüy , elle-même pré-ciſement : car il ſe ſert de ce filence de tous les Saints de l'antiquité , & même de l'op-fition de faint Auguftin pour prouver que la paffiveté qu'il admet n'eft pas une grace juf-tifiante , mais une grace gra-tuitement donnée. Il dit dans cet endroit , que la paffiveté *confifte principalement dans quel-que chofe que Dieu fait en nous fans nous , & où par confequent il n'y a , ni ne peut avoir de me-rite* , & il dit dans le même en-droit que c'eft un *don* de Dieu. C'eft un don de Dieu felon M. de Meaux qui n'eft pas de l'ordre naturel , puifqu'au con-traire il lui eft oppofé qui n'ap-partient pas à la grace juftifian-te ; donc il faut qu'il appar-tienne à la grace gratuitement donnée telle que la *prophetie* & le *don des langues* , qui font des

p. 266.

dons furnaturels qui ne nous rendent pas plus agreables à Dieu.

Eſt ce que la Tradition ne doit pas êrre noſtre regle pour les graces gratuites comme pour les graces gratifiantes ? eſt-ce qu'on ne doit pas re-jetter comme une illuſion dangereuſe, une miraculeuſe ſuſpenſion ignorée de tous les Saints de l'antiquité, contraire même à ſaint Auguſtin, au lieu de la reſpecter comme un don ſurnaturel de Dieu ; & l'appeller une *Oraiſon de pure grace* ? Mais dira-t'on, M. de Meaux entend ſeulement que les Peres n'ont point éprouvé ces états paſſifs ; & il conclud de là avec raiſon qu'ils n'appartiennent point à la perfe-ction. Cette réponſe ne peut

p 366.

eftre alleguée. M. de Meaux
parle des Ecrit des Peres , &
non de leurs perfonnes , comme il paroit manifeftement
par l'endroit de fon livre que
j'ay cité. Ce n'eft que de
leurs Ecrits qu'il peut dire
qu'on n'y voit ny trait ny vir-
gule qui tendent à l'etat paffif;
ce n'eft que de leurs écrits
qu'il peut dire *qu'on n'y voit*
aucun veftige , mais plutoft tout
le contraire de ces impuiffances
myftiques : C'eft de leurs écrits
qu'il parle , puis qu'il en cite
quelques-uns , comme les Soliloques, les Confeffions, & les
livres de la Trinité de faint
Auguftin.

Enfin , dira t'on , ce que
M. de Meaux reconnoit ici
comme inconnu à l'antiquité,
& même comme contraire à

Lifez les pages 266 267. du livre de M. de Meaux.

saint Auguſtin eſt *l'acte ir-
reiterable* des Quietiſtes. Il eſt
vrai qu'il parle ainſi de cet
acte chimerique & qu'on ne
peut trop condamner ; mais il
y joint ſon état paſſif , & il
dit egalement de l'un & de
l'autre qu'on n'en voit rien
dans tous les Saints de l'antiquité , aucun veſtige ni
trait ni virgule. C'eſt par ce
ſilence de toute l'antiquité
qu'il prouve que l'Oraiſon
Paſſive qu'il établit n'eſt pas
une grace gratifiante ? mais
en même tems je demande
s'il eſt permis d'en faire une
grace gratuite, & de la regarder comme un don de
p.266. Dieu qui *conſiſte en quelque
choſe que Dieu fait en nous
ſans nous ?* Enfin je demande
ce qu'on doit penſer de cet-

te

te propoſition generale qui reſulte neceſſairement de la doctrine que M. de Meaux établit en cet endroit , on doit regarder comme un don de Dieu qu'il produit en nous ſans nous, une ligature des puiſſances qui oſte la li‐ berté pendant de certains temps pour les actes diſcur‐ ſifs & les autres qu'il plait à Dieu , quoique cette ligature miraculeuſe ſoit inconnuë à tous les Saints de l'antiquité, & même contraire à ſaint Auguſtin.

M. de Meaux aſſure que c'eſt une *Excellente Oraiſon,* p. 250, & que *Dieu y tient l'ecole du cœur.* Eſt‐il poſſible que toute la plus ſainte antiquité ait ignoré cette excellente orai‐ ſon , & n'ait jamais étudié à cette école du cœur que Dieu tient ? faut-il croire que cet estat passif soit si admirable , puis qu'on ne voit *ni trait ni virgule* qui y tende dans aucun Pere, pas méme dans saint Bernard ? qui croirons-nous ou M. de Meaux qui met *l'Ecole du cœur* dans ces *impuissances mystiques* , ou les Peres qui n'en ont laissé aucun vesti-ge, & saint Augustin dans qui on voit *tout le contraire* ? voi-là une *excellente Oraison* qui est une *Ecolle du cœur* in-connuë à la Tradition una-nime de tous les Peres. Voilá une grace donnée gratuite-*p.266.* ment semblable à *la Prophe-tie* , au *don des langues* , & des miracles , *qu'on ne peut nier* , selon M. de Meaux,

ſans une inſigne temerité, quoique tous les Peres l'ayent ignorée, & que ſaint Auguſtin
ait enſeigné le contraire &
qu'il n'y en ait dans leurs
écrits *ny trait ny virgule.* Pour
moy j'avoüe que ce n'eſt pas
d'une telle Oraiſon Paſſive
que j'ay pretendu dire dans
noſtre 21. article d'Iſſy, qu'*on
ne peut ſans une inſigne temerité
la tenir pour ſuſpecte* ; au contraire je crois qu'elle eſt ſuſpecte , la tradition unanime
des Peres juſqu'à ſaint Bernard n'en laiſſant *ny veſti-
ge . . . . . . ny trait ny virgule,* &
Saint Auguſtin enſeignant
plûtoſt tout le contraire.

Pour les Auteurs des der-
niers ſiecles qui en ont parlé,
il eſt juſte de les expliquer
benignement , pour les con-

former à cette tradition unanime des Peres. Les Saints
Myſtiques ont ſouvent parlé
d'une impuiſſance qu'il ne
faut point prendre dans toute
la rigueur de la lettre : Elle
ſignifie ſeulement que l'attrait de la grace eſt alors
tres puiſſant. C'eſt ce que
Saint Auguſtin a entendu
quand il a dit ſi ſouvent de la
grace efficace, *Movet inſupe-
rabiliter & invincibiliter* ; l'a-
me ne peut ſe reſoudre à reſiſter à cet attrait, parce qu'elle eſt pleine d'un grand
amour , & qu'elle croit que
c'eſt Dieu qui l'attire. De
plus, comme je l'ay dit dans
mon livre, les Auteurs Myſtiques ſur des prejugez philoſophiques ont crû qu'une
contemplation qui n'a point

paſſé par les ſens eſt miraculeuſe. Ils ont crû auſſi que
dans cette contemplation paſſive le fonds de l'ame diſ-
tingué des puiſſances agiſ-
ſoit ſurnaturellement , quoique les puiſſances fuſſent ſuſ-
penduës. Ne vaut-il pas mieux
expliquer ce qui eſt une difficulté purement philoſophi-
que , qu'admettre une *Ecole*
du cœur qui eſt miraculeuſe ,
& ignorée de toute la plus
ſainte tradition , où on n'en
voit *ni trait ni virgule* ? Enfin
les Myſtiques ont pû confondre quelquefois l'Oraiſon
Paſſive avec les impreſſions
extatiques qui peuvent arri-
ver dans cette Oraiſon : je
crois pouvoir demontrer ceci par le bienheureux Jean
de la Croix , & par les autres

que M. de Meaux cite. M. de Meaux a bien senty que son impuissance absoluë dans laquelle il fait consister la passiveté, n'est pas compatible avec les regles du bienheureux Jean de la Croix, qui n'admet que l'obscurité de la pure Foy. C'est pourquoy il est contraint de dire ces paroles tres contraires à son principe : *Nous avons montré que ce qu'on appelle Oraison Passive, n'est ny extase ny ravissement, ny revelation ou inspiration & entraisnement prophetique. Au contraire l'esprit des vrais Mystiques, & entre autres du bienheureux Jean de la Croix, est d'exclure toutes ces motions extraordinaires qu'ils reservent à l'inspiration & aux états prophetiques. Ce*

p. 446.

n'eſt donc pas en cela qu'il faut mettre l'*Oraiſon Paſſive*. En quoy donc la faut-il mettre dans la grace du commun des juſtes ? nullement, ſelon M. de Meaux ; car en ce cas *tous les juſtes ſeroient paſſifs*. Il la met dans un milieu entre ces deux graces : mais ce milieu renferme une impuiſſance veritablement miraculeuſe, & par conſequent il ſort de la voye de pure foy, & retombe dans les *motions extraordinaires* qui ſont rejettées par le bien-heureux Jean de la Croix, & contraires *à l'eſprit des vrais Myſtiques*. Quoi qu'il en ſoit, il vaut mieux expliquer les experiences & les expreſſions philoſophiques de ces pieux Auteurs que d'admettre une grace miraculeuſe qui oſte

p. 446.

indefiniment & tres frequem-
ment la liberté à l'homme ,
qui est inconnuë de toute
l'antiquité & contraire à Saint
Augustin. Qu'y a-t'il de plus
dangereux qu'un estat qui
tire une ame de la voye de
pure foi , en luy faisant ap-
percevoir en elle une impuissance miraculeuse de faire aucun acte discursif, ni aucun
des autres actes qu'il plaist à
Dieu ? Cette ame *emportée*,
entraînée, poussée de main sou-
veraine sans qu'elle puisse re-
sister , ne peut plus lire , ni
obeïr , ni écouter même son
Superieur ou Directeur, dez
que l'impuissance survient.
Alors elle n'est plus respon-
sable d'elle même , alors elle
est dispensée de tout , parce qu'elle ne peut resister. Le

Directeur ne peut même fup-
poſer aucune borne preciſe
à cette impuiſſance , ex-
cepté l'excluſion des choſes
deffenduës par la volonté
de Dieu écrite & non écrite ; car pour l'exercice des
actes des vertus nous ver-
rons que M. de Meaux l'en
diſpenſe alors. Si le Directeur veut arreſter le progrez
inſenſible de ces impuiſſances pretenduës , la perſonne dirigée pourra luy ré-
pondre par les paroles de
M. de Meaux , ne ſçavez
vous pas *que Dieu peut pouſ* p. 240.
ſer bien loin , ou pour mieux
dire auſſi loin qu'il veut ces
états paſſifs , ſans que per-
ſonne luy puiſſe demander ,
pourquoy faites vous ainſi ?
De ſorte qu'on ne peut met-

tre de bornes à ces états que
par la declaration que Dieu a
faite de sa volonté dans sa pa-
role écrite & non écrite. Elle
luy répondra encore, ne
sçavez vous pas que Dieu
m'emporte & m'entraisne où
il veut sans que je puisse luy
resister . . . . . . nonostant le li-
bre arbitre qu'il m'a donné?
Quelle ressource reste-t'il à
un Directeur pour retenir
cette ame, si elle a lû le
Livre de M. de Meaux, &
si le Directeur a approuvé
cette doctrine?

Il voudra qu'elle fasse
des lectures, des demandes,
des examens; elle repondra
qu'elle est dans les *impuissan-*
ces mystiques, & qu'elle ne
peut écouter un homme pendant qu'elle est *emportée*, en-

trainée, *pouffée de main foû-*
veraine. N'eft-ce pas ouvrir
la porte à l'illufion , & luy
donner des principes aprés
lefquels il ne refte plus de
barriere affurée pour l'ar-
refter.

M. de Meaux dira que
cette ame doit toûjours fui-
vre *la volonté de Dieu écrite*
& non écrite pour s'abftenir
des chofes. deffenduës , &
pour accomplir celles qui
font commandées. Mais ne
fçait-il pas combien il eft
dangereux de livrer une ame
à une pretenduë impuiffance qui va toûjours croiffant
peu à peu & qui la mettant
au deffus des avis du Directeur en chaque occafion
particuliere , Ia laiffe juge
unique des tems où elle doit

rentrer dans la voye de dependance & de fidelité aux regles.

Il est vrai que M. de Meaux veut que ces *impuissances mystiques* ne soient jamais perpetuelles : mais si elles ne le sont pas tout à fait, il s'en faut de bien peu selon lui. Voici ses paroles : *Nous appellons un état d'oraison l'habitude fixe & permanente, qui prepare l'ame à la faire d'une façon plûtôt que d'une autre. Il ajoute ; ainsi l'Oraison passive est fixe & perpetuelle à sa maniere ; ainsi elle compose ce qui s'apelle un état , & met l'ame dans une sainte stabilité, où elle est sous la main de Dieu de cette admirable maniere, qui dans le tems de l'Oraison exclut les actes discur-*

Instru. p. 248.

ſifs, & les autres dont il plaît
à Dieu de faire ſentir aux
ames la privation. Mais. venons à un exemple particulier
où il decide ſur la pratique :
C'eſt celui de la Mere de
Chantal. *Pour le temps , Saint
François de Sales reſtraint ces
impuißances d'agir au tems de
l'Oraiſon ſeulement.* Puis il
rapporte ces paroles du Saint
à cette venerable Mere : *Je
vous commande que ſimple-
ment vous demeuriez en Dieu ,
ſans vous eſſayer de rien faire,
ni vous enquerir de lui de
choſe quelconque , ſinon à me-
ſure qu'il vous excitera.* Vous
remarquerez que cette Me-
re avoit demandé au Saint,
ſi cette diſpoſition ſimple &
generalle ne ſuffiſoit pas pour
tous les actes de la vie in-

vie de la Mere de Ch. rep. aux conſult. 2. ch. 7. Inſtru. 311.

terieure. Mais enfin M. de Meaux assure que *la consultation de la Mere reduisoit aussi la suppression de actes de discours & de sa propre industrie, specialement au temps de l'oraison ; parce qu'encore que Dieu soit le maistre de repandre ces impuissances en tel endroit de la vie qu'il lui plaira, Sa conduite ordinaire est de les reduire au tems special de l'oraison.* Ce Prelat ajoûte aussi tôt aprés ; *Il est vrai que son oraison etoit presque perpetuelle : C'est pourquoy cette admirable suspension d'actes revenoit souvent, mais ne duroit pas toûjours : ce qui a fait écrire dans sa vie, que dans cet état passif elle ne laissait pas d'agir en certains temps.* C'est ainsi, dit-il encore, que *cette* operation extraordinaire lui p. 312. lioit les puiſſances, & la tenoit heureuſement captive ſous une main toute puiſſante.

Voila donc ces impuiſſances qui tout au moins *revenotent ſouvent*, tout au moins elles étoient auſſi frequentes & auſſi longues que *le tems ſpecial de l'oraiſon*. Il veut ſeulement trouver des intervalles en *certains tems* ; & ces certains tems d'intervalles, comment en jugerons nous ? Ce ſera par ſon oraiſon qui de l'aveu de M. de Meaux *eſtoit preſque* p. 312. *perpetuelle.* Il faut ſe ſouvenir que pendant cette oraiſon preſque perpetuelle *elle demeuroit dans la ſimple vuë de Dieu & de ſon neant toute abandonnée, contente &*

p. 215. *tranquille , sans se remuer nullement , pour faire des actes sensibles de l'entendement & de la volonté , non pas même pour la pratique des vertus , ni detestation des fautes.* Ce Prelat rapporte encore ce qui est dit dans la vie de cette Mere , qui est *que son oraison étoit continuelle par la disposition toûjours vive du simple regard de Dieu en toutes choses ,* ce que p. 320. M. de Meaux reduit à une oraison presque perpetuelle.

p. 320. Enfin cette oraison *presque perpetuelle* croissoit toûjours, comme on le peut entendre par ces paroles ; que *comme par ces divines impuissances qui la tenoient si souvent sous la main de Dieu, sa vivacité naturelle que*

Dieu

Dieu vouloit dompter par ce moyen, se rallentissoit tous les jours : sa grande cessation d'operations interieures luy fit trouver certaine invention &c. Voila donc une sorte d'oraison miraculeuse, qui devient un estat habituel & *presque continuel* dans toute la vie : c'est un miracle qui n'a que *certains temps* d'intervalle, & dont les intervalles mesme vont toûjours diminuant : c'est une suspension de liberté qui est indefinie & pour les actes & pour la durée : pendant qu'elle dure elle dispense de tous les actes discursifs & sensibles, de toutes les vertus les plus essentielles, & on ne se remuë nullement ; en sorte qu'on ne peut ni se remuer ni vouloir même se remuer à moins que Dieu n'excite. art. 12. d'Issy. M. de Meaux admet ma passiveté en excluant les actes inquiets & empressés : pour moi je n'admets pas la sienne, parce que toute la sainte antiquité jusqu'à saint Bernard, selon M de Meaux même, n'en a laissé *ny vestige ny trait ny virgule*, qu'on voit plutost tout le contraire dans S. Augustin, & qu'elle est même contraire *à l'esprit des vrais mystiques qui excluent les motions extraordinaires.*

M. de Meaux ne manquera pas de dire que je ne puis nier les extases & les états miraculeux. J'avouë qu'on ne peut les nier; mais il y a une extreme difference entre suppoſer qu'il peut y avoir de veritables extaſes paſſage-res, ou admettre une oraiſon preſque perpetuelle , qui eſt une extaſe de preſque toute la vie,& un raviſſement mi-raculeux par état habituel , qui a des intervalles *en cer-tains tems.* Voilà ce qui me pa-roit d'une conſequence tres-dangereuſe pour les illuſions du Quietiſme ; voilà ce que j'offre de montrer eſtre auſ-ſi contraire au vrai ſens des bons myſtiques , qu'il l'eſt de l'aveu de M. de Meaux à ſaint Auguſtin , auſſi bien qu'inconnu à tous les Peres juſqu'à ſaint Bernard.

ERRATA.

Page 13. ligne 3. *deſſein d'eſtre heureux.* Ces mots doivent eſtre en Italique.

p. 13. l. 11. *la nature & des Chrêtiens.* Ces mots doivent eſtre en italique.

p. 14. l. 5. *dés là donc.* Ces mots doivent eſtre en italique.

p. 19. l. 19. *prcciſè,* liſez *preciſe.*

p. 24. l. 19. *pieuſe,* liſez *amoureuſe.*

p. 28. l. 1. *pieuſè,* liſez *amoureuſe.*

p. 29. l. 23. *pieuſe,* liſez *amoureuſe.*

p. 30. l. 13. *pieuſes,* liſez *amoureuſes.*

p. 34. l. 17. *beatitue,* liſez *beatitude.*

p. 44. l. 22. *qui dit que je me repentirois,* liſez *qui dit je me repentirai.*

p. 81. l. 10. *vade cum eis,* liſez *vade cum iſtis.*

p. 106. à la marge. *p. 232.* liſez **233.**

p. 108. l. 1. *rentrer dans la voye de dependence & de fidelité aux regles.* Ces mots ne doivent pas eſtre mis en italique.

p. 110. à la marge ſeconde citation. *p.*113, liſez 112.